Peter Kemptner

Tränen im Flugzeug
und andere Splittergedanken

Gedichte und Kurzprosa

Herausgegeben vom Autor.

© 2003. Alle Rechte vorbehalten.

Peter Kemptner

Beethovenstraße 4

A-5020 Salzburg

Titelbild: Hanna Spielbüchler „Am Meer" (Ausschnitt)

Hergestellt von: Books on Demand GmbH

ISBN: 3-8311-4839-2

Inhalt:

STÄRKER ALS ALLE BANDE IST DER ABSCHIED 47

WO NICHTS MEHR BLEIBT, DORT BLEIBT DIE ZEIT, UND DIE VERGEHT. 57

Bücher Stierle

A-5010 SALZBURG, Postfach 245
Kaigasse 1 / Mozartplatz
Tel. 0662/84 01 14, Fax 0662/840 11 49
Geschäftszeiten: Mo-Fr 8.00 - 18.00 Uhr, Sa 8.00 - 16.00 Uhr

Ihre Salzburger Buchhandlung auch im Internet:

http://www.buecher-stierle.at
email: buch@buecher-stierle.at

Wir besorgen jedes Buch auf dem schnellsten Weg
aus dem In- und Ausland.

Auf Ihren Besuch freut sich Familie Stierle.

DIE MUSE UND DER DRANG:

Warum die Feder meine Freundin ist

Was macht mich hinsetzen,
Feder und Papier zusammen bringen,
Gedanken und wohl auch Gefühle in Worte fassen, aufspringen,
meine Gedanken zähmen,
der Wahrheit hinter der Verwirrung die Stirne bieten?

Unerreichbare Muse

Niemals kann ich mich
mit Dir messen, Muse.

Denn aus Dir spricht die Natur,
aus mir nur die Kunst
(weshalb ja auch die Musen
den verderben, der es mit ihnen aufnimmt).

Und während Du Deine Poesie
mit Deinem Körper schreibst
– wie gern wäre ich das Pergament –
muß ich zur Feder greifen
und Papier beschmutzen.

Die Reinheit in beidem
verbindet uns.

Meine verfluchte Gabe

Ich sehe Dinge.
Zumindest ahne ich sie.
Das ist an sich schon schlimm.

Wirklich schlimm ist aber,
dass ich sie in der Regel
nicht erkenne, nicht zuordnen kann.

Erst nachher erinnere ich mich daran,
was ich gesehen hatte.
Im Detail. Es ist grausam.

Noch grausamer ist, sich nicht
mitteilen zu dürfen.

Aber es wäre falsch,
zu warnen oder zu zeigen.

Und so ist es oft billig und heilsam,
dass die Sorgen und Ängste des Alltags
die Sicht verstellen auf die Dinge,
die in der Zukunft zu sehen sind.

Für mich oft schon in der Gegenwart.

Eine Gabe? Ein Fluch!

Sie brachte mich dazu

Sie brachte mich dazu,
mein altes Tintenfass
wieder zu füllen
und zu schreiben.

Dinge wieder benennen zu können,
die ich sah, die ich fühlte.
Wie ich es einst konnte,
in einer unbeschwerteren Jugend.

War ich vorzeitig alt geworden?
Macht sie mir Hoffnung,
ihre Jugend mit mir zu teilen?
Mir zu helfen, meine wieder zu finden?

Und plötzlich sehe ich sie nicht mehr,
die Dinge, die ich benennen konnte.
Sehe nur mehr sie,
und bin unfähig, meine Gefühle zu beschreiben.

Das Tintenfass bleibt voll, denn
die Gedanken kreisen.
Nur über sie kann ich noch schreiben.
Bin ich verliebt?

Ich hoffe nicht, und doch,
was weiß ich denn davon?

Und wenn: Mir könnte schlimmeres passieren!

Ich hoffe nur,
dass ich das Tintenfass nicht umsonst gefüllt habe.

An meine Muse

Du machst mich hinsetzen
Feder und Papier zusammen bringen
Gedanken und wohl auch Gefühle
in Worte fassen.

Deshalb bist Du
meine Muse

Obwohl das Resultat
es nahe zu legen scheint
heißt Du nicht Euterpe
Oder Erato

Bibiana heißt Du
meine Muse

Du machst mich träumen
abschweifen von der Dichtung
verdrängst die Inspiration
und fesselst mich

Wer bist Du,
meine Muse

Du strafst mich hart
wie einst die neun gestraft
den, der sie suchte zu erreichen
mit seinem Geist

Wo bist Du
meine Muse

Du machst mich aufspringen
meine Gedanken zähmen
der Wahrheit hinter der Verwirrung
die Stirne bieten:

Ich will Dich
Küß' mich, Muse!

Is it only I?
(to Kate Bush, whose poetry has inspired me)

See in your iris
the light of the dawn

Hear in your voice
a soul so forlorn

Sense in your body
the tremble of the mourn

Read in your lyrics
the struggle of the torn

What had they done to you
in the wake of your youth

that made you develop
such a sense for the truth?

Is it still hunting you
will it be through your life?

Don't wish it to stop,
you would be missing yourself.

And so would we.

EIN-, AUS-, UND WOHL AUCH ABDRÜCKE

Die Seele macht Beobachtungen, gewinnt Eindrücke, die durch das Festhalten auf Papier Ausdruck erlangen, der wiederum Abdrücke hinterlässt.

Die Fußabdrücke der Seele.

Verstand und Herz

An jenem Abend,
als ich nichts sagte,
hast Du mich gefühlt
und den Mund aufgetan.

Du hast mir die Augen
geöffnet.

Jetzt sperrt mein Verstand
die Ohren auf.

Vielleicht hört er nun
mein rufendes Herz.

No Such Thing
(to the mellow)

There's no such thing as truth,
so how can there be lie?

There's no such thing as beauty,
Ugliness is wry.

There's no such thing as love,
how can you speak of hate?

With no such thing as life,
is death our only fate?

There's no such thing as dreams,
but only in your head.

As there are no illusions,
reality we dread.

There is no real belief,
and faith does not exist.

And still I could go on.
It would be quite a list.

If all these things are true,
'though truth, we said, is dead,

What are we looking for,
together in this bed?

I can't say I don't dream;
from dream my life has sprung.

And just to tell the truth,
lies have been on my tongue.

I would not care to wake,
would I not have my dreams,

And those will always be
of love, and as it seems,

I do believe in life,
'though death I can't ignore;

its sadness and its joy,
are what I'm living for.

Overdrive

„Was heißt das, ‚cruising in overdrive'?", fragt mich Stefan, als wir, gemütlich in der Couch lehnend und Whisky schlürfend, alte Queen-Platten hören und Freddy Mercury „I'm in love with my car" stöhnt.

Er ist mit seinen 20 zu jung, das noch zu kennen, dieses elektrische Vorgelege, das vor dem allgemeinen Aufkommen des Fünfganggetriebes bei großen Autos einen zusätzlichen Gang für entspanntes Gleiten bei schneller Reisefahrt brachte. In Amerika hatten das viele Fahrzeuge, in Europa kannte ich das von Volvos und großen Opeln.

Maxi, seine Mutter, hatte stets Autos mit Overdrive gefahren. Sie hatte großen Wert darauf gelegt und wohl erhebliche Aufpreise bezahlt. Heute hat sie gern Sechsganggetriebe und elektronische Fahrwerkskorrektur. Geblieben ist ihr Hang zu großen Sportcoupés und zu einer konstant schnellen Fahrweise, die wenig Rücksicht auf Verkehrszeichen und Ampelphasen nimmt.

In Overdrive muss man schnell bleiben. Sobald sich die Geschwindigkeit wesentlich verringert, fällt es schwer, wieder Fahrt aufzunehmen. Auch ist das natürlich nichts für starke Steigungen.

Maxi hielt ihre konstant hohe Geschwindigkeit nicht nur beim Auto fahren, sondern auch sonst im Leben. Manchmal hatte man den Eindruck, sie ließ das Leben selbst links und rechts ihrer selbstgewählten, ebenen Bahn liegen, während sie an ihm vorüberglitt. Auch Stefan, hatte man den Eindruck, war ihr eher im vorüberrauschen passiert, wie von einem Autostopper, den sie ein Stück mitgenommen und dann an irgend einer Autobahnstation wieder ausgesetzt hatte.

Niemand konnte sie wirklich dazu bringen, ihre Geschwindigkeit oder ihren Kurs zu verändern, oder ihren Glauben, dass es zur Normalität gehörte, durch eine starre Welt zu rasen, wie durch die Landschaft links und rechts der

Autobahn. Der einzige, dem das gelang, der einzige, so glaube ich, dem außer ihrem Kind jemals ihre Liebe gehörte, war ihr Cousin Alexander. Sie fuhr, um in der Sprache des Bildes zu bleiben, gewaltige Umwege, um die verbotene Affäre mit ihm möglich zu machen, um ihm aus den vielen Patschen zu helfen, in die er die Gewohnheit hatte, sich zu bringen. Und sie hielt an, für mehrere Jahre, so lang, dass viele glaubten, sie würde nie mehr in Fahrt kommen, als Alexander nicht von seiner Skitour zurückkam.

Niemand hatte je erfahren, wer Stefans Vater ist, und der Knabe hatte sich als Kind daran gewöhnt, nicht allzu viele Fragen zu stellen. Er wuchs sozusagen im Transit auf, stets auf dem metaphorischen Rücksitz seiner Mutter, immer anwesend, immer mit mütterlicher Fürsorge bedacht, aber nie anderswo zu Hause als in der kleinen Mutter-Sohn-Blase, die überallhin mitgetragen wurde. Das Wohnzimmer seiner Mutter war die Welt.

Ich hatte die beiden gemeinsam kennen gelernt, als Maxi auf mich zukam mit Stefan im Arm und mit den Worten „Würden Sie für eine halbe Stunde mein Kind halten, ich habe meinen Auftritt“. Sie hielt den Vortrag über die wirtschaftlichen Auswirkungen der fortschreitenden Miniaturisierung in der Mikroelektronik, wegen dessen ich den Kongress hauptsächlich besucht hatte. Der Vortrag war nichtssagend, ich ärgerte mich sehr über die wenig nutzbringende Reise, und das sagte ich ihr dann auch.

Die anschließende Diskussion dauerte bis sechs Uhr morgens. Stefan nahm wenig Anteil, er schlief die meiste Zeit, und wir brauchten eine ganze Menge von jenem sehr guten Chardonnay, um aus einer Stimmung von Angriff und Verteidigung den Boden zu bereiten, zunächst für eine geistig anregende Diskussion, dann für ein echtes Kennenlernen zweier Menschen, die unterschiedlicher nicht sein konnten.

„Ich hoffe, Ihr amüsiert euch gut, Ihr beiden“, sagt sie, als sie in ein Handtuch gewickelt aus dem Badezimmer kommt und uns so da sitzen sieht, mich mit den Beinen auf dem Couchtisch, Stefan mit seinem Kopf an meine Schulter gelehnt, beide mit Gläsern in der Hand, und „habt Ihr ein Glas Whisky für eine alte Frau?". Keine Antwort abwartend, schenkt sie sich ein und lässt sich neben mir auf das Sofa gleiten. Als das Lied zu Ende ist, fängt sie zu sprechen an: „Weißt Du noch, was Du neulich sagtest über die Relativgeschwindigkeit im Leben verschiedener Menschen?".

Natürlich erinnere ich mich, das war vor fünf oder sechs Jahren gewesen, doch spielten solche Abstände keine Rolle, nachdem wir uns nicht öfter trafen als ein- oder zweimal im Jahr, seit dem Kongress vor all den Jahren. Auch Stefan sah seine Mutter jetzt kaum noch öfter, doch irgendwie war der Ablauf stets der selbe geblieben: Sie schneit herein, Stefan im Schlepptau, und wir sprechen über das Leben, immer noch meist bis Tagesanbruch. Zunehmend mehr nimmt der junge Mann Anteil an der Diskussion, statt wie früher ins Bett zu gehen.

Diesmal ist es anders: Er war eigens angereist, um mir und seiner Mutter vom Abschluss seiner Ausbildung zu berichten und von der Anstellung, die er morgen antreten würde, und von der jungen Frau, die in jener Stadt auf ihn wartete, und er wollte in der Nacht noch weiter fahren. Ich musste darauf achten, dass er nicht noch mehr trank, bevor er sich auf den Weg machte, diesmal in seiner eigenen Richtung, mit seiner eigenen Geschwindigkeit. In seinem eigenen Rhythmus.

Maxi würde bis morgen bleiben und erst dann wieder starten. Und nichts würde sich an ihrer Geschwindigkeit, an ihrer Richtung ändern. Sie ist stolz, dass ihr Sohn es zu schaffen scheint, sich aus ihrem Orbit zu befreien. Sie genießt die Rast hier, wie ein Autofahrer auf der Langstrecke eine Rast zum Auftanken genießt, und ich genieße die Befruchtung durch ihr Leben, das bei solchen Stopps in meines hineinreicht. Aneinander gestärkt werden wir uns morgen wieder jeder auf seinen Weg machen.

Cruising in Overdrive

Strahlende Zukunft

Wo bist Du, Zukunft, warum sehe ich Dich nicht,

wo Eltern und Lehrer sie schon hinter sich glauben?

Warum nicht in den Kindern?

Die Ersteren bauten sie für sich, und taten die Letzteren
berauben.

Die Alten sagen, ihre Zeiten waren nicht die bessern, sondern
die schlimmern.

Wie sie werden wir zu kämpfen haben, und etwas eigenes
aufzubauen,

diesmal aus strahlenderen Trümmern.

Wir wollen uns dabei besser als jene um die nach uns
kommenden kümmern.

Tränen im Flugzeug

Die Stewardess serviert das Mittagessen.

Plötzlich kommen mir die Tränen.

Das geschieht nicht oft, in der Tat

habe ich viele Jahre lang überhaupt nicht geweint.

Und mir so gewünscht, es zu können.

Aber jetzt: Aus nichtigem Anlaß!

Es gibt Lachs und Schrimps und Rindersaftschinken.

Zugegeben, eine wilde Kombination.

Aber Tränen deshalb? Nein!

Auch die Stewardess: Hübsch, aber

Sie erinnert mich nicht an etwas oder jemanden.

Das Gefühl in meiner Brust, beklommen,

sagt mir, es muß etwas anderes sein.

Essen und Tränen gehen vorbei, dann kommt

das Ereignis in die Schublade

der Rätsel, die zu lösen ich hoffe,

noch die Zeit zu haben,

bevor ich für immer aufhören werde,

weinen zu können.

Stimmungsbild mit Fink

Der letzte Donnerstag im September,
und es regnet schon den vierten Tag.
Nicht stark, aber stetig.

Auf dem Untersberg liegt Schnee,
und könnte ebenso gut
ein Novembertag sein.

An sich sollte ich in meinem Büro sitzen
und arbeiten. Statt dessen stehe ich
auf meiner Terrasse und rauche.

Finken fliegen in den nahen Bäumen
hin und her. Ich sehe ihnen zu, wie sie
in der Kastanie nach Nahrung suchen.

Denke dabei über vieles nach,
was mich bewegt. Die Welt und das Leben.
Auch wir sind ständig auf der Nahrungssuche.

So wie der Vertreter, der mich vorhin besucht hat.
Wie er, brauche auch ich das Geschäft,
das so zögerlich kommt.

So wie mein Geist, der wandert,
wenn er allein gelassen ist, und keinen anderen
hat, an dem er sich laben kann, und ausrichten.

So wie mein Herz, das weiß,
daß da draußen andere Herzen sind,
die seinen Lauf beschleunigen können.

Das Flugzeug, das über das Haus hinweg
zieht, beeindruckt die Finken nicht.
Sie sind geschäftig. Werden wohl auch bald ziehen.

Die Trübnis, die der Regen schafft,
wird durchdrungen von einem Licht,
diffus aber hell, gefiltert durch die Wolkendecke.

Die roten Blätter des Weinlaubs auf dem Laternenmast
sind schön. Und obwohl meine Melancholie
zum Wetter passt, gibt es da noch ein anderes Gefühl:

In meinem Bauch rumort es, meine Brust
hebt und senkt sich heftig. Ich fühle die Welt
und das Leben.

Es ist traurig.
Es ist anstrengend.
Es ist verwirrend.
Es ist schön.

Lebt wohl, Ihr Finken, ich muß wieder
zu meiner Arbeit. Ich werde sie gut machen.
Mit neuer Demut und neuer Freude. Trüb aber hell.

Nach dem Kino

Nastassja spielte, erstmals bedeutend.
Die Katze sprang. Sein Tod brachte ihr Leben.

Wie David, der vom Himmel fiel, gefangen blieb
und Frau und Kind dem Sterben überlassen muß.

Candice analysiert die Allegorie.
Entstellte Schenkel vom Feuerunfall, ist das ihr Leben.

Der Ex-Bert will, lässt gern mit ihr sich sehen,
doch sie kapiert es nicht.

Ich buhl' mit ihm um sie, doch sie geht nur
zum nächsten Film mit uns.

Orwell und die Entfernungen

Der Himmel ist nicht mehr so hoch,
Entfernungen nicht mehr so groß.

Die Welt ist eine winzige Murmel.

Afghanistan grenzt an die Sowjetunion,
gehört neuerdings dazu.

Manfred aus Dresden
weiß es noch nicht.

Die Häuser Budapests
über die sein Blick streift,
denn nach Wien kann er nicht.

Die Trennung, die die Großväter
herbeiführten, ist schon natürlich.

Zwei Hälften, jede autonom,
und wird wohl immer bleiben.

Als was soll ich mich fühlen?

Wo ist die Heimat?

Österreich: Unsinn, was haben
nationale Staaten denn für eine Bedeutung?

Zu viel wurde ihnen schon beigemessen, und,
unnatürlich wie es war, brachte es doch nur Schmerz.

Als Linzer nicht mehr, wohl als Europäer.
Bürger der Welt? Wohl kaum, doch höchstens einer Hälfte.

Und vorsichtig mit jeder Äußerung.

Denn Orwell hatte Recht.

Kalter Morgen, warmes Herz

Er fällt, der Blick.
Der Blick durch das Fenster.

Strahlender Himmel,
oben ganz blau, unten ganz weiß.

Eis auf den Autos,
Reflexionen in Fensterscheiben.

Laublose Bäume,
nach oben sich reckend
und in der Kälte starr.

Hungrige Vögel,
Amseln und Meisen.
Das einzige Leben im Raum.

Dann das Gefühl:
Kalt trotz der Heizung.
Passend zum Draußen.

Und ein Gedanke:
Wie weit Du weg bist!

Selten, zu selten
seh' ich Dich noch.

Ich muss mich setzen,
muss es Dir schreiben,
in einem Gedicht.

Schon ist es fertig,
holprig und reimlos
und elektronisch
fliegt es zu Dir.

Zu schön der Morgen.
Zurück an den Schreibtisch!
Das Herz ist jetzt warm.

Der Innenspiegel

und wenn Du meinst,
dass Deine Hände
nicht schön sind,
die Finger nicht gerade,

und wenn Du fühlst,
dass Deine Haut
nicht so glatt ist
wie Du sie einst kanntest,

und wenn Du wähnst,
dass Du täglich
länger brauchst,
um Dich herzurichten,

schminke Dich ab,
leg Dich ins Bett
und blicke
in den Spiegel!

Du hast keinen
zur Hand?

Verwende doch
den Innenspiegel!

Herbstnachmittag in Henndorf

Auf der Terrasse des Dorf-Cafe mit Blick auf die Straße. Die Feder hatte ich im Auto, das Papier von der Kellnerin. Nicht besonders viel Verkehr an diesem Sonntagnachmittag, dafür lustige Kinder auf Fahrrädern.

Auf der Terrasse ältere Paare, die beim Aufstehen darüber streiten, wer von beiden bezahlen soll. Im Lokal glückliche Schüler, die die Zeit totschlagen, und noch nicht wissen, dass die Zeit irgendwann zurückschlagen wird.

Im Strandbad ist die Desolation ausgebrochen.

Die Wiesen sind noch grün, aber die Bäume sind schon bunt.

Der See ist prachtvoll, in einer Art, wie er es im Sommer nicht zu sein schafft. Da wirkt er flach und klein.

Jetzt aber, da in der klaren Luft die Sonne die Wellenkuppen zum Glänzen bringt, besonders schön zu den herbstlichen Sträuchern am Ufer, und das Wasser ein tiefes Grün annimmt, jetzt wirkt er groß und tief und beherrschend.

Die Floße, die im Sommer den Kindern ein Motiv geben, hinauszuschwimmen, schon allein, um weg zu sein von all den faden Erwachsenen, die in der Wiese liegen, als ob da nicht ein See wäre, in dem man herumtollen kann, die Floße liegen jetzt heraußen neben der Hütte des Bademeisters, gleich links vom Imbissstand, nur viel größer als der.

Sie wirken bizarr, wie sie da auf ihren Schwimmkörpern ruhen, alten Fässern, die glauben machen könnten, sie wären Walzen und die Floße abfahrbereite Fahrzeuge, Panzer, denen nur eine einzelne Gans trotzt, welche friedlich und von jetzt unvorhandenen Badegästen in Ruhe gelassen langsam zwischen ihnen herumwatschelt.

Vereinzelt stehen Stühle am Ufer. Weiße Angelegenheiten aus Draht, die Sitzflächen dem See zugewandt.

Allein stehen sie da, kein Mensch hat sich auf ihnen niedergelassen. Sie bieten ein Bild von Sehnsucht, wie sie zum See hinausblicken, langsam vorbeischwimmenden Enten nach und den wenigen Booten, die gelegentlich vorüberziehen, und auch dem Ballon, der unbeweglich am Himmel steht.

Einsam auch die zierlichen Duschen, Wächter des Ufers, unbetätigt und trocken, geduldig wartend, dass der Winter kommt und geht, und dass im nächsten Sommer wieder Menschen Erfrischung suchen unter ihrem Strahl oder Reinigung nach dem Schwimmen.

Jetzt aber stehen sie nur da, ragen in den blauen Himmel als geometrische Formen, mit eigener, beklemmender Ästhetik, wie auch die Metallkäfige, die im Sommer dutzenden Surfbrettern ein Ort der Aufbewahrung sind, oder die Bänke, die in regelmäßigen Abständen an den Wänden der niedrigen, langgestreckten Gebäude lehnen, welche voll sind mit leeren Räumen, eingeteilt in viele kleine Zellen, Umkleidekabinen.

Auch diese unbenutzt; bei herbstlichen Temperaturen hat niemand Neigung, sich auszuziehen an diesem Strand.

Auf einigen der Bänke, sonnenbeschienen, sitzen Spaziergänger, ältere Paare, die Ruhe und den Anblick des Sees genießend.

Einst war auch ich einer von ihnen, waren wir ein älteres Paar, das solche einfache Freuden zu schätzen wusste.

Ob ich einst wieder, so wie jene, dort sitzen werde, mit dem schweigenden Einverständnis zweier Menschen, das älteren Paaren zu eigen ist?

Ganz deutlich fühle ich jetzt den Herbst, und ich gehe zurück zum Auto. Noch einmal blicke ich zurück, und wie ich sie betrachte, steigt mir ein Lächeln aus dem Herzen und ins Gesicht. Und der See zwinkert zurück.

Der Herbst ist immer wieder schön in Salzburg.

Frankfurt aus der Sicht eines Österreichers

Umsteigen in Frankfurt am Main,
um an das andere Ende Europas zu gelangen.

In meinem Fall Göteborg.

Das ist nicht das Ende, bei weitem nicht.
Nein, da gibt es noch viel entlegenere Gegenden.
In Europa. In denen ich auch schon war.

Fort Augustus in Schottland zum Beispiel.

Oder Istanbul.

Oder Malta.

Und überhaupt:
Kann es für einen Österreicher ein anderes Ende geben?
Wo wir uns doch so sehr in der Mitte sehen.

Sind es nicht nur Extreme?
Entgegengesetzt der neutralen Position dazwischen.
Die wir so gerne einnehmen.
Weil es so interessant ist. Und zugleich so bequem.
Unextrem zu sein. Gemäßigt. Mäßig?

Also doch ein anderes Ende ...
Auf der mentalen Skala der Mäßigkeit.
Der Bequemlichkeit.

Wo aber liegt dann Frankfurt?

Ich weiß es nicht. Ich will es gar nicht wissen.
Denn das würde mir etwas über meine Seele sagen.
Und wo die liegt.

An welchem Ende.

An welchem Rand.

Und dann müßte ich mich fragen, was jenseits des Randes ist.

Erweiterter Wortschatz

Heute habe ich meinen Wortschatz erweitert.

Ich habe nein gesagt.

Sie hat sich in mich verliebt,
hat eine Perspektive gesehen,
hat geglaubt, in meinem Verhalten zu erkennen,
dass auch ich ...

Und ich, ich hätte ohne weiteres
wieder einmal sagen können
„dann schauen wir halt mal,
vielleicht wird es ja etwas“.

Denn: Sie gefällt mir schon,
sie fasziniert mich.

Doch: Das ist schon alles,
und somit keine Basis.

Ich bleibe beim Nein
Und freue mich, gereift zu sein.

Danke!

Der Boxer

(frei nach Paul Simon & Art Garfunkel)

Ich bin ein armer Junge
Meine Geschichte ist kaum bekannt
Meinen Widerstand gab ich auf
Für einen Sack voll leerer Versprechungen.

Nur Lug' und Trug!
Doch der Mensch hört, was er hören will und ignoriert den Rest.

Ich verließ Heim und Familie,
war nichts weiter als allein
in Gesellschaft lauter Fremder,
in der Geschäftigkeit der Bahnhöfe
stets auf der Flucht.

Verhielt mich still,
suchte jene Viertel auf, wo nur die armen Leute sind.

Kargen Lohn mir nur erbittend,
suchte ich nach einem Job, doch es ist nichts frei hier
nur die Anträge der Nutten, fünfte Avenue

Und doch, ich schwör',
manchmal war ich so einsam da fand ich dort Geborgenheit.

Und nun leg' ich meinen Mantel ab
Und wünschte, ich wär' fort, ab nach Haus!
Wo der Winterfrost der Stadt mich nicht verzweifeln macht
In heißer Nacht .... will nach Haus!

Im Ring sehen wir den Boxer, einen Kämpfer an der Hand
Und er trägt die Souvenirs von all den Schlägen, die ihn
streckten
oder trafen, bis er aufschrie: „Ich will ‚raus hier, ich will ‚raus
hier!"
Doch der Kämpfer blieb zurück,

Der Kämpfer bleibt jedes Mal zurück.

Schweigende Offenheit

Erster von drei Teilen der „Amsterdamer Trilogie"

Auf den Grachten Boote und Schiffe,
auch kleine Holzhäuser, „Hausboote".

Alles in kaum glaublicher Ruhe.

Daneben Autos, mehr gestapelt
als geparkt. Wie für immer.

Und dann: Haus an Haus, ein jedes
schlank und hoch aufragend,
aus dunklen, manchmal schwarzen
Ziegeln. Gemeinsam eine Mauer.

Doch kaum beginne ich, sie als
abweisend zu empfinden, bemerke ich
die Fenster: Großflächig und hoch,
und meist ohne Vorhänge:

Sie lassen alles offen.

In den Straßen von Amsterdam

Männer in langen Mänteln, Frauen in Herrenhemden.
In Autos, auf Fahrrädern, zu Fuß.
Dazwischen kleine Mädchen in viel zu erotischen Kleidern.
Menschen an Tischen auf Gehsteigen.
In einem Wetter, in dem das bei uns niemand täte.

Völlig unerotisch, aber mit einer Leichtigkeit und Fröhlichkeit, die befreiend wirkt auf uns Bewohner der engen Täler zwischenmenschlichen Umgangs.

Leicht kann man verstehen, warum die Liberalität hier mehr zu Hause ist als bei uns.

Im Gewirr der Straßen fand ich nicht, wonach ich gesucht hatte, und traf nicht, wen ich selbstgefällig zu treffen gehofft hatte.

Doch in der Weite der Ebene, im Wattenmeer dieser Seelen verlor ich meine Eitelkeit und fand mich selbst.

Spiel und Liebe

Amsterdam am frühen Morgen, oder was man hier dafür hält.

Nüchtern und reizlos das Rotlichtviertel, steril beinahe, soweit
die alten Mauern das zulassen.

Penibel werden die Fenster der Kabinen geputzt, in denen später
wieder die Frauen zur Ansicht stehen, die man bezahlt, damit sie
mit einem spielen.

Der selbe profunde Irrtum wie bei Blackjack im Casino.

Auch da spielt der Croupier nicht mit Dir, er arbeitet.
Dennoch tut er es aus Liebe, wie die meisten dieser Frauen.
Weshalb man hier wie dort träumen kann. Das ist erlaubt.
Befriedigung jedoch ist nicht im Preis inbegriffen.

Auf dem Museumsplein singt Sarah Brightman aus
Lautsprechern die sonnenbeschienenen Bäume an, immer wieder
leicht gestört von einem Kind mit Xylophon und einem
städtischen Arbeiter mit Rasentrimmer.

Nie wird das Concertgebouw aufhören, mich zu faszinieren
mit seinem modernen Überbau an der klassizistischen
Seitenfassade, die er verdeckt und zugleich sichtbar lässt.

Wie eine gut geschminkte Frau, der man trotz Maske
ins Gesicht blicken kann. Und ahnungsweise auch dahinter.

Was mich zurück bringt zu den Frauen.

Nicht zu denen am Oudezijds Achterburgwal, sondern zu denen
zu Hause.

In meinem Leben zu Hause. Bei denen ich zu Hause bin.
Wenn nirgends sonst. Die mit mir spielen. Mit denen ich spiele.
Ein Spiel, bei dem es keine Verlierer gibt. Nur Gewinner.

Doch: Ist es ein Spiel? Oder liebe ich zu sehr?

Und: Kann das je erwidert werden?

Es kommt mir nicht darauf an.

Ich bin kein Bauer, der sät, um zu ernten,
und kein Händler, der gibt, um zu bekommen.

Glück muss gefunden werden. Und Euer Glück ist das Meine.

Spiele ich doch? Ich meine, nein: Ich liebe!

Jetzt kann die Straßenbahn mich wieder mitnehmen und
zurückbringen.

Wohin? Das ist nicht wichtig. Ich bin bei mir.

DIE LIEBE HEBT, INDEM SIE FÄLLT

Wäre nicht da dieses unbestimmte Gefühl, wir wüssten nicht, dass es erhebend sein kann, den Boden unter den Füßen zu verlieren, oder die Sicherheit der Normalität.

Kleine Bezeugung

Hab' Dir was zu sagen,
sei bitte nicht bös'!

Ein kleines Geständnis:
Du machst mich nervös!

Schön ist auch Hermine,
und Elfi ist lieb,

Gabriele reißt mit,
aber Du bist ein Dieb:

Du raubst mir die Ruhe,
ich denk' an Dich oft;

Dass Du das erwiderst,
hatte ich kaum gehofft.

Bin froh, Dich zu kennen!
Mehr schreib' ich jetzt nicht.

Mehr wollt' ich nicht sagen
mit meinem Gedicht.

An die Schönheit

Ach, der Bogen Deiner Nase,
schön wie die Blumen in der Vase

Ach, die Linie Deiner Beine,
warum bist Du nicht die Meine?

Ach, der Schwung in Deinem Nacken,
gerne würde ich Dich packen
und im Gras zu Dir mich legen,
doch ich weiß, Du wärst dagegen,
lebst Dein von mir fernes Leben,
drum begnüge ich mich eben
mit einem Bad in Deinen Augen
und dem Traum, an Dir zu saugen.

Zärtliche Fremde

(Sehr frei nach „Gentle Stranger" von Toni Tenille)

Zärtliche Fremde,
Du kamst zu mir grad als ich Trauer trug
Und ich sah auf an diesem Tag, sah Dein Gesicht
glänzen in der Sonne

Deine Augen lächelnd, sprachst Du mich an.
Warst auf der Durchreise nur
Morgen wärst Du wieder weg

Aber wir teilten Gespräch und Wein
Redeten über so vieles

Und jene Nacht schlief ich sanft in Deinem Arm
Du hieltst mich warm
Geschützt von Harm
Geliebt von Dir

Ja, ich wusste Du würd'st wieder gehen am Morgen
Musstest schon wieder eilen am Ende der Nacht
Doch was wissen wir Menschen schon über das Morgen
Und ich weiß, Du hast heute mich schöner gemacht

Zärtliche Fremde,
ich bin zurückgekehrt in meine Einsamkeit
Doch fühle ich den Schmerz nicht mehr so wie zuvor
Die Erinnerung an Dich kommt und schlingt sich um mich
in der Nacht

In meinem Traum schlaf ich sanft in Deinem Arm
Und mir ist warm
Und da ist kein Harm
Werde geliebt.

Soll und Haben
(Buchhalterisches Liebesgedicht)

SOLL

ich direkt sein,
offen und ehrlich?

Mich kurz fassen,
alle Schnörkel weglassen?

Nicht um den Brei herumreden
und zum Punkt kommen?

Ja?

Dann verkürzt das
den Satz
ganz enorm.

Er besteht dann überhaupt
nur mehr aus vier Wörtern:
Ich will Dich

HABEN

Nach dem Ausflug mit Karin

½ 1 und eine letzte Zigarette vor dem Schlafengehen.
Ich träume vor mich hin, denke zurück
an einen wundervollen Tag.

An 16 Stunden, die mehr Urlaub waren,
als ich oft in vielen Tagen genossen hatte.

Landschaftliche Schönheit, Kulturdenkmäler und Musik.
Eine Reise mit Schiff, Bahn und Cabriolet,
und eine Frau, die offen und voller Vertrauen war,
ohne bestimmte Erwartung, aber bereit zum Genuss.

Unkompliziert, aber aufmerksam.
Ich musste mich nur um den Weg kümmern,
das Andere tat sie.

Ich glaube, ich könnte sie lieben.

Nach dem Hochwasser

Der Materialismus wird durch das Wasser
weggeschwemmt, sagt Gabi.
Die Materialisten können gar nicht anders,
als umzudenken.

Das wird von außen gesteuert.
Die Liebe nimmt zu.

Mich beschleicht das Gefühl,
die Gabi hat das Problem,
auf die Liebe als etwas zu warten,
das von außen kommt.

Sie kann nicht anders,
als enttäuscht zu werden.

Ein Frühstückstraum

Ich stochere im Marmeladeglas.
Nein, nicht mit einem Löffel,
einfach so mit dem Messer.

Du stehst da, streckst Dich.
Beine geschlossen, mit dem Hintern
am weißen Geländer angelehnt.

Die Arme hoch über dem Kopf,
die Finger ineinander verschränkt,
Handflächen zum Himmel gewandt.

Dass mir das Muttermal noch nie aufgefallen ist!

Wie schön Du bist!

Nicht zu zart, und doch:
Die schmale Linie eines Bogens.

Nicht üppig, und doch:
Jeder Hügel eine laut rufende Einladung.

Und dann das Lächeln:
Schmal und doch gewinnend.

Ich seufze, und plötzlich bist Du weg.
Nichts ist mehr da, nur mein Marmeladeglas,
in dem ich stochere.

Treue

Es gibt etwas, das ich nicht wollte,
und das eingetreten ist:

Ich habe dem Impuls, der Versuchung
nicht nachgegeben.
Auch und hauptsächlich, weil ich
an Dich gedacht habe.
Ich bin Dir also treu.
Was halten wir davon?
Ist das gut?

Ist das krank?

Wo bin ich?
Das Spiel scheint Regeln zu haben,
aber ich verstehe sie nicht.

Ist das Liebe?
Ist das nur Zärtlichkeit?

Was heißt hier nur?

Ich muss es wohl so nehmen wie es ist.

Sei tolerant!

Ich brauche es.

Wenn Du mich liebst,
lässt Du mich selbst erfahren,
wo und was wir sind.

What's Fair?

If all is fair in love and war,
what are we living, fighting for?

And once we have someone to care,
we think that it is most unfair,

One-sided, just to say the least,
and view the other as a beast

whose interest is to eat our heart,
so, very soon again we part.

This duly leaves us where we started,
only this time broken-hearted.

Was the war so fair, I ask,
relationship too big a task?

We put experiences on shelves,
but it is really ourselves

for whom we truly need to care
to be content in life, and fair.

ach, ihr!

doppelzüngig befährt es mich
hoch werde ich gerissen
von der einen
weiterbefördert von der anderen

gemeinsam tragen sie mich
gleichsam zwischen ihnen
in ungeahnte höhen
wo mir die luft zu dünn wird
so stockt mir der atem
doch sie sind noch ganz gut
bei puste

die kulmination erreicht -
welch eine kraft, die meine brust
mir innerlich zerreißt !

dann fallen wir - sie tragen nicht mehr
das mach jetzt ich, und fühle mich
wie atlas
wie ich den abstieg ihnen bremse
und weich sinken wir
in die federn

eng ist es, wie wir
daliegen und die ruhe genießen
abkühlen aneinander
doch bald beginnen wieder
die vorbereitungen
für einen neuen aufstieg

On the Way to Scotland

And now I am sitting on this plane, waiting for the clearance, on my way – and what a way it is – to the one woman I have loved best in all my life. But what has happened? And why am I doing it? She is married (happily ever after?) and I am a widower still troubled.

The news, of course, of her being terminally ill, has done nothing to ease my grief. The impulse was to go instantly when I received them. But then, she is a married woman and her husband seems to be of the jealous type. It is so bad he made her disinvite me from the wedding. And the wench went and married him anyhow! Incredible! Intolerable! Who is he to tell her who to invite and who not to?

But then, as the outsider I of course am, I have to respect that and stay away from her. Or do I indeed have to? Have my heart torn to pieces knowing that I am one of the few people she would listen to! Hoping, indeed, that what I can say to her could actually help her recovering! Help her lose to a certain extent the tenseness, which seems to dominate her life of late.

And do I not need her as much? Does she not know me better than anyone else alive?

So they convinced him it is for her best and he gave in. Clearance is given and the plane is taxying toward the 1-4. There is no turning back now. I have to do it. I have to go see the woman who hurt me like nobody else ever has but from whose bed I rose with my heart in one piece.

Dein Körper scheint etwas zu wissen

Deine Jugend
ist größer als meine.

Doch der Schreck in Deinen Augen, manchmal,
und das Zucken Deines Bauches,
wenn Du bestimmte Wörter brauchst,
das Anhalten des Atems ganz oben in Deiner Brust,

sagt mir, dass da ein Schatz ist,
ein Wissen, eine Weisheit,
mir fremd.

Gefangen in Deinem Geist,
bewacht von Deinem Körper.

Von Dir kann ich lernen!

Zwei von Drei

(sehr frei nach Jim Steinman)

Jetzt reden wir die ganze Nacht
und finden trotzdem kein Ende.
Ich habe Dir doch schon alles gesagt,
da bleibt nichts mehr in mir zurück.

Wir können hier auch einfach weinen,
doch änderte das nichts an meinem Gefühl.
Der Schmerz macht meinen Weg nicht leicht.
Ich wünscht', Du machtest mich nicht geh'n.

Ich fing es an und ich höre es auf.
Ich zeigte Dir, wie sehr ich Dich mag.
Zu müde zum Sprechen und zu heiser zum Schrei'n.
Doch Du bist kalt zu mir schon lang,
Ich weine Eiszapfen statt Tränen.

Und ich kann Dir nur sagen:
Ich will Dich, ich brauch' Dich,
doch auf keinen Fall kann ich Dich jemals lieben,
doch sei gerecht: Zwei von Drei ist nicht schlecht.

STÄRKER ALS ALLE BANDE IST DER ABSCHIED

In jedem Augenblick verwandelt der unvermeidliche Schritt in die Zukunft Gegenwart in Vergangenheit, und macht sich selbst zur Gegenwart.

Dazwischen liegt der Abschied.

Er bestimmt das Leben und macht Raum für neue Zukunft.

Dennoch: Nichts fällt so schwer wie er.

Noch ein Gedanke nach dem Essen

Der Knödel in meinem Hals
wird nicht kleiner,
nur weil Du wieder weg bist.

Der Aufruhr in mir
ist immer noch da.

Vermischt mit der Freude,
zu sehen,
dass es Dir besser geht.

Meine Eloquenz
versagt.

Ich freue mich
auf das nächste Mal.

Gute Nacht!

Nicht Kalt

Es läßt mich nicht kalt,
Dich gehen zu sehen.

Es drückt mir auf die Brust.

Kann nicht mehr schreiben
hinter Deinem Rücken,
und hätt' so viel gewusst.

Es schreit in mir auf,
wenn Du Dich wendest.

Die Worte versteh' ich nicht.

Erst recht nicht, wenn ich
Dich dann wieder sehe,
und blick' in Dein Gesicht.

Da muss etwas sein
zwischen uns beiden,
das lähmt mir das Gehirn:

Du hast mich gefunden,

nun kann und will ich
Dich nicht mehr verlier'n.

Nach Linz

Und dann sagt sie mir,
dass sie wieder nach Linz geht.
Nicht zurück, nein, zurück will sie nicht.
Sondern neu. Anders.

So wie BRD und DDR
keine WIEDERvereinigung war.
Aber doch wieder zur Bank!
Ob das gut geht?

Für mich war beim Wechsel von Lebensabschnitten
stets das neue, das andere Tun
im Beruf sehr wichtig.
Wir verbringen doch sehr viel Zeit
mit ihm. Er prägt unser Dasein.

Die Linzer: Auch mit ihnen wird sie
Schwierigkeiten haben. Andere halt.
Wie mit dem Klima.
Es sind die Menschen, die mit ihr
nicht zurecht kommen.
Weil sie sie überrascht,
sie ohne Konzept dastehen lässt.

Und sie tut, als ginge es sie nichts an.
Oder habe nur ich diese Schwierigkeit?
Verstehe ich ausgerechnet sie nicht?
Muss ich auch nicht. Will ich nur.

Vor allem will ich,
dass es ihr gut geht.
In Linz.
In ihrem neuen Leben.
Und dass das alte
nicht allzu sehr weh tut.
Und dass sie mich mitnimmt,
irgendwie.

Die Frau meines Lebens

Peoria kommt von allen Städten Nordamerikas Linz am nächsten. Mit rund 200.000 Einwohnern ungefähr gleich groß, am Illinois-Fluß gelegen, der auch in etwa die Breite der Donau hat, mit bedeutender Stahl- und Maschinenbauindustrie (man kennt die Baumaschinen von Caterpillar) und einer entsprechend starken, stolzen Arbeiterschaft.

Auf der Habenseite steht in diesem Vergleich der Peoria-See, eine landschaftliche Schönheit und Erholungs-Oase, sowie das unwahrscheinlich reichhaltige und gut geführte historische Museum. Was fehlt, ist der kompakte Stadtcharakter, der den meisten amerikanischen Urbanitäten abgeht, und ein historischer Altstadtkern, den diese Stadt vermissen lässt, obwohl sie die erste europäische Siedlung westlich der Appalachen war, und davor Jahrtausende lang ortsfeste Amerikaner die ausgezeichnete Lage für eine Siedlung genutzt hatten.

Die Bus-Station ist wie überall im Land in keinem guten Viertel, irgendwo zwischen Industriebauten, ein niedriger Pavillon inmitten der Bussteige. Den Wartenden dienen schwarze Kunststoffschalen als Sitze, viele davon mit aufgesetzten kleinen Fernsehgeräten mit Münzschlitz. Ein Vierteldollar kauft einsamen Zeitvertreib. Das lässt auch den allgegenwärtigen leichten Schmutzfilm vergessen und den Geruch, feucht, alt und ärmlich.

Der Greyhound-Bus kommt von weit her, und hat noch eine große Strecke vor sich. Mehr als fünfzig Sitzplätze, aber nur eine Tür ganz vorn, pneumatische Drehtür, ein Konzept, von dem man sich bei uns Ende der Sechziger Jahre schon getrennt hat. In den hinteren Reihen darf geraucht werden, obwohl es keine Aschenbecher gibt.

Unter den wenigen Fahrgästen eine junge Frau, schlank und mit langen, glatten, dunklen Haaren, über den Gang von mir in der selben Reihe. Sie hat ihr College-Studium beendet und wird sich über den Sommer entscheiden, eine Arbeit zu suchen oder auf eine richtige Universität zu gehen. Jetzt ist sie auf dem Weg zu ihrer Großmutter, um ihr die gute Nachricht mitzuteilen und ein, zwei Wochen bei ihr zu verbringen.

Ein paar solcher unerheblicher Informationen tauschen wir aus, dann gerät unsere Unterhaltung ins Stocken. Beide öffnen wir von Zeit zu Zeit den Mund, setzen an, und können doch nicht sprechen. Da ist nichts, nichts, das gesagt werden könnte; der Aufruhr in uns lässt sich nicht in Worte kleiden, die Präsenz des Anderen beherrscht die Situation, verdrängt, was vorher noch an anderen Gedanken, Gefühlen vorhanden war. Es gibt keine Blickrichtung außer der unendlichen Tiefe hinter diesen dunkelbraunen Augen, in der das Ertrinken ein erstrebenswertes Schicksal zu sein verspricht.

Die einzige andere Regung ist Verlegenheit. Sie schlägt das Buch wieder auf, ihren Begleiter, der die Fahrt verkürzen sollte, doch es geling ihr nicht, hinein zu schauen, wie es mir nicht gelingt, die Landschaft wahrzunehmen. Dennoch realisiere ich, dass wir in Dunlap sind. Hier muß ich raus. Hektisch schnappe ich meinen Rucksack und mache mich nach kurzem Abschied auf den Weg zur Tür.

Den schwierigsten Weg, denn Gummibänder scheinen sich zwischen unseren Augen zu spannen und mich zurück zu ziehen. Und reißen ab, am Ausgang, mit einem inneren Schrei, wie aus zwei Seelen. Dann stehe ich auf der Straße, der Bus entfernt sich, er hat kein Heckfenster, durch das sie mir nachblicken könnte, oder ich ihr.

Das ist jetzt schon mehr als zwanzig Jahre her, und hin und wieder träume ich noch von dem Gefühl, das mich befiel, das es so schwierig machte, auszusteigen in dem Nest. Von dem Gefühl, dass da die Frau meines Lebens alleine weiterfuhr zu ihrer Großmutter.

Freund Hein

Spreche mir nicht vom Tod, denn Du weißt,
daß ich weiß was Du weißt
und noch einiges mehr.

Ich hatte schon oft das zweifelhafte,
wenn auch unvermeidliche Vergnügen
mit Freund Hein.

Recht häufig kehrte er bereits
in meinem Hause ein

und nahm mir viele meiner Lieben,
nur ich bin hier zurück geblieben

da ich keinen Respekt ihm zollte,
wenn er kam und mich holen wollte.

Daraus hat sich ein merkwürdiges Verhältnis ergeben.
Keine Freundschaft, doch er gehört zum Leben

und sendet er mir einst einen seiner Gesellen,
dann wünsche ich mir, er schickt einen schnellen.

Fallen

Black is the day,
sour the night!
Dying so young
without a fight.

Carelessly prone,
fallen so deep,
because of a stone
forever asleep.

Odd are His ways,
takes what He gave;
counts down the days
into our graves.

Thou shalt not mourn,
accuse who creates;
to die we are born.
Such is our fate!

Abgesang

... an die geliebte Freundin

Seht die blauen Augen:
Weit geöffnet, blank und starr;
kälter als der Mond.
Wer kann ahnen, was sie sah?
Und es tut so weh,
so furchtbar weh!
Und sie stieg doch erst gerade ins Leben ein.
Warum muß es so schnell schon ...

vorüber sein

Jetzt hat sie der Tod.
Augen tränen, schimmern rot.
Herzen sind so schwer,
unsre Sigrid ist nicht mehr!
Und sie war so jung;
war viel zu jung;
ihre Flamme verlöschte viel zu früh.
Ach, die Blume verwelkte ...

viel zu früh.

Sigrid kehr' zurück!
Sieh die Wolken in meinem Blick!
Ich kann es nicht versteh'n,
warum mußtest Du schon geh'n?
Es war viel zu früh,
ja, viel zu früh.
Und wir hätten so vieles vorgehabt.
Doch jetzt liegst Du da unten ...

in Deinem Grab!

Richard Cory

(nach Edwin Arlington Robinson)*

Wann immer Richard Cory in den Straßen ging
vom Volk ein jedes Auge an ihm hing.
Er war ein Herr, vom Scheitel bis zum Zeh
ein Auserwählter, gab es einen je.

Und er war immer stilvoll angetan
und wenn er sprach, dann war er stets human;
doch jedes Ohr an seinen Lippen hing,
sagte er etwas, und er strahlte, wenn er ging.

Und er war reich, ja gut gefüllt war'n seine Taschen
und war mit allen Wassern wohl gewaschen:
Kurzum: Wir dachten, dass in allen Sphären
er all das war, was gerne wir gewesen wären.

So werkten wir, nicht kleiner wurd' die Not.
Wir aßen selten Fleisch, und fluchten auf das Brot.
Und Richard Cory hat in einer lauen Nacht
nach seinem Abendmahl sich umgebracht.

** falls Ihnen der Titel bekannt vorkommt: Auch das bekannte Lied von Simon & Garfunkel aus den 1960ern basiert auf E. A. Robinson's Vorlage von 1897.*

Ich habe mit dem Ungeheuer gesprochen.

Nicht viel, doch das Wenige,
das sie mir sagte,
machte klar,
dass meine Hoffnung falsch war.

Darauf, dass ein Mensch
der viel verloren hat
und deshalb einen Kampf führt
gegen die Welt und gegen die Menschen,
menschlicher werden könnte
durch einen weiteren, herberen Verlust,
wie den der eigenen Tochter.

Erneut wirft sie sich in die Schlacht.

Sie liebt die Tiere,
doch die Menschen liebt sie nicht.

Nicht andere und nicht die ihren,
am aller wenigsten wohl sich selbst.

Ich widersprach ihr nicht in vielem,
hielt mich zurück, zerstörte nicht
die Illusion, die sie aufgebaut hatte,
von der sie glaubt, dass andere sie glauben.

Sie wollte mich nicht um sich haben.
Das war sehr deutlich zu fühlen.

Und ich gab ihr keine Gelegenheit,
den Kampf mit mir als Stellvertreter
für andere auszutragen,
den sie doch nur verlieren kann.

Das fiel mir schwer, doch bin ich kein Sadist.

Friede ihrer Seele!

WO NICHTS MEHR BLEIBT,
DORT BLEIBT DIE ZEIT,
UND DIE VERGEHT.

Läßt man Gedanken kreisen um die Zeit, läuft man Gefahr, sie zu verlieren.

Denn sie vergeht, und nimmt mit sich, was um sie kreist.

Von Zeit zu Zeit

Von Zeit zu Zeit
nehme ich mir vor,

mir nicht mehr so viel
vorzunehmen,

weil immer etwas
auf der Strecke bleibt.

Doch meist bleibt das
dann auf der Strecke.

Hunde der Zeit

Wenn Du an kalten, trüben Tagen
glaubst, einen heißen Atem zu spüren,
sind's die Hunde der Zeit, die nach Dir jagen.
Lass' Dich von ihnen nicht verführen!

Zwar ist es leicht, wie nichts im Leben,
anzuhalten und Dich umzuschauen
und ihren Fängen zu ergeben,
zerreißen zu lassen von ihren Klauen.

Vermeide dieses Treffen besser,
denn von der Zeit würd'st Du gefangen,
der gierigen, dem Allesfresser,
um den Verstand müßtest Du bangen.

Sind ihre Reize noch so groß,
ist es nicht gut, Dich ihr hinzugeben.
Sie hält Dich fest, lässt nicht mehr los,
und ohne Dich verläuft Dein Leben.

Als einziger kann sich ihr entziehen
der kurze Moment, der Augenblick.
Er kann Dir helfen zu entfliehen,
suche in ihm stets neu Dein Glück!

So flieht die Zeit vorbei, dahin,
darüber sei nicht eifersüchtig,
die Zeit hat dafür keinen Sinn,
denn sie ist, wie wir wissen, flüchtig.

Zeit

(frei nach "Time" von Roger Waters)

Wegtickend die Momente, aus denen ein Tag ist,
vergeudest die Stunden Du leichtsinnig und dreist.

Drückst Dich herum auf Deinem Stück Grund in der Heimat,
und wartest auf irgendwen, der Dir die Richtung weist.

Müde von der Sonne bleibst Du hier und siehst dem Regen zu.
Du bist jung, Dein Leben lang und heute hast Du nichts zu tun.

Und plötzlich find'st Du dann, zehn Jahre sind vertan,
Du wußtest nicht, wann's losgeht, fingst nie zu leben an.

Und Du läufst, doch Du kommst nicht ganz mit mit der Sonne,
sie sinkt schon,
eilt unten herum und geht hinter Dir wieder auf.
Sie ist eigentlich noch dieselbe, jedoch Du bist älter,
kurzatmiger, einen Tag näher dem Tod.

Und die Jahre werden kürzer, niemals findest Du die Zeit.
Pläne, die zunichte werden, Trägheit, die man dann bereut.

In stummer Verzweiflung macht man stets nur weiter wie bisher;
Die Zeit ist um, das Lied ist aus, ich dachte, es gelang'
mir mehr....

Zeit vergeht.

Ich habe nicht das Gefühl,
heute untätig gewesen zu sein.

Und doch: Was habe ich geschafft?

Nicht viel im Lichte dessen,
was ich erreichen wollte.

Was habe ich getan den ganzen Tag?

Was hat mich heute bloß so angestrengt?

Liege ich so falsch mit meiner Planung?

Sollte allein für die Bearbeitung
von Emotionen
Zeit eingeplant werden?

Wenn ja, wie viel?

Wie weiß ich, ob etwas kommt?

Nun, die Beobachtung
meiner Erlebnisse, die solche verursachen
werde ich schärfen.

Ich glaube, ich habe etwas begriffen:

Ich stehe auf meiner Terrasse und betrachte die Zweige der Birke, die direkt neben dem Haus wächst. Der Baum ist noch fast kahl, aber die Samenstände (die notorischen „Würste") sind bereits voll entwickelt. Nun sprießen ganz zart die ersten Blätter. Es gelingt mir, in diese Betrachtung zu versinken und etwas zu fühlen. Etwas wie Bewunderung, etwas wie Faszination, aber vor allem auch etwas wie Zuversicht.

Meine Frau hatte eine sehr innige Beziehung zu den Pflanzen, und auch mein Vater hat, als wir Kinder aus dem Haus waren, eine vordem an ihm nicht gekannte Liebe zu den Pflanzen entwickelt. Ob das eine Art Ersatz für Kinder war? Bei Karin, weil sie wusste, dass sie keine bekommen würde, bei Günther, weil wir weg waren?

Erst jetzt, da ich durch meine Freundin auch mit Söhnen konfrontiert bin, glaube ich da einen Zusammenhang zu sehen, ja glaube ich, etwas begriffen zu haben: Das Bedürfnis in uns allen, etwas heranwachsen zu sehen, etwas in seiner Entwicklung zu beobachten und da mitzuleben.

Ist das nicht letztendlich das, was Mütter in die Lage versetzt, wieder und wieder Kinder in ihrer Entwicklung zu begleiten, und was viele Männer drängt, Unternehmen oder Projekte zu gründen und abzuwickeln. Wieder und wieder, so wie wieder und immer wieder Frühling wird und uns das Wachstum der Pflanzen begleiten und betreuen lässt.

Über den Autor

Peter Kemptner wurde 1961 in Linz/Donau geboren.

Nach einer technischen Ausbildung führte ihn seine berufliche Karriere, in der er sich mit der Vermarktung technischer Investitionsgüter beschäftigt, durch das mittlere Management mittelständischer Unternehmen und zuletzt in die Selbstständigkeit.

Er begann bereits während der Schulzeit, die Sprache zu lieben und zu schreiben. Manche der Texte in diesem Buch stammen aus dieser Zeit.

Neben dem Schreiben zählen auch der Chorgesang, das Klavierspiel und die Schauspielerei zu seinen außerberuflichen Aktivitäten.

Nach Stationen in Steyr und Wien lebt Peter Kemptner heute in Salzburg.